Professor Zweisterns
praktische Kurzvorträge

für den alltäglichen Gebrauch

der Nachwelt erhalten von Gerhard Häusler

Impressum:

Autor: *Gerhard Häusler*
Bilder: *Christian Seidl*
Verlag & Druck: tredition GmbH
          Halenreie 40-44
          22359 Hamburg
ISBN   978-3-347-00374-3

Jahr: 2020

Inhaltsverzeichnis

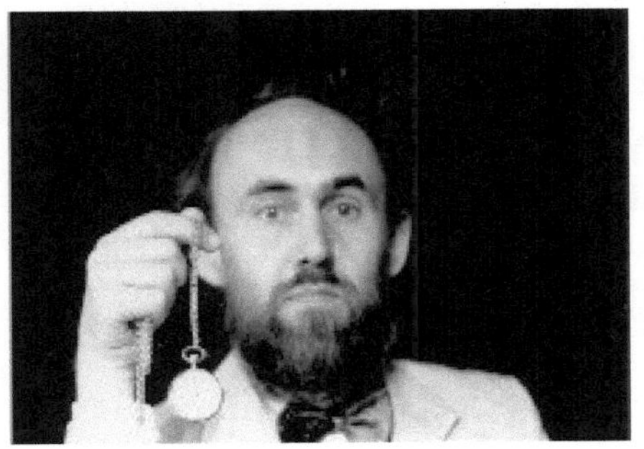

Das wortlose Wort

Liebes Auditorium!

Im Anfang war das Wort wortlos. Am Ende wird es wortlos sein. Das wortlose Wort ist ein Wort, das es nicht gibt. Solche Worte dürfen nie ausgesprochen werden, denn kaum gesagt, sind sie bereits existent. Sprechen Sie solche Worte nie aus, denn sonst gibt es keinen Anfang mehr und kein Ende. Worte, die es nicht gibt, beginnen nirgends und sind grundsätzlich endungslos.

Endlos kämpfe ich bereits gegen diese Worte, die es nicht gibt und die jeden Ablauf nicht mehr ablaufen lassen, weil sie endlos nichts vor und hinter sich haben. Gegen nahezu alle. Egal, was Sie vorhaben. Auch in diesem Vortrag. Gegen die Flut solcher Worte, für die es keinen Ablauf gibt. Bauen Sie Dämme gegen diese Worte und lernen Sie vorsichtshalber schwimmen.

Belegen Sie einen Wortschwimmkurs, damit Sie nicht ins Schwimmen kommen und untergehen in wortlosen Worten.

Wie erkennen wir aber das wortlose Wort? Hat es einen bestimmten Klang oder eine besondere Bedeutung? Leider nein. Das wortlose Wort ist völlig unhörbar und bedeutungslos. Das Heimtückische an ihm ist gerade, daß es uns nichts bedeutet. Deshalb wird oft leichtfertig mit ihm umgegangen. Ist es jedoch einmal ausgesprochen, helfen uns Klang und Bedeutung nicht mehr. Das wortlose Wort ist an nichts zu erkennen und an nichts anderem. Seien Sie auf der Hut vor dem wortlosen Wort, behüten Sie es und hüten Sie Ihre Zunge, damit es nicht über Ihre Lippen kommt.

Am besten werden Sie wortlos. Mit der Wort-
losigkeit muß natürlich auch dieser Vortrag
enden. Jeder Vortrag endet wortlos, vorausgesetzt
er kommt an ein Ende. Aber Vorträge mit
wortlosen Worten, meistens genügt bereits ein
einziges, kommen nie an ein Ende. Deshalb kein
Wort mehr. Schluß!
Aus!

Link zum Literaturvideo:

https://www.youtube.com/watch?
v=EhoBGbNO3as&list=PL8DdX9K4NV6nFsT8j
3OWTn1SFLwYix4ut&index=2

Vortrag 2

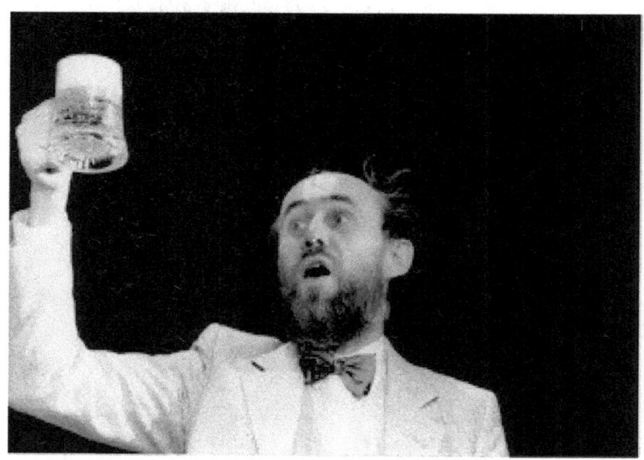

Die Verstellung

Geschätztes Auditorium!
Nicht nur für die Insektenwelt ist die Verstellung als Tarnung äußerst hilfreich und im jeweiligen Fall lebensrettend, auch der Mensch bedient sich im alltäglichen Lebenskampf verständlicherweise gerne dieses probaten Mittels. Zum Beispiel führt oft nur die richtige Einstellung zur Einstellung.

Auch wenn sich jemand hinter einen stellt, wird man leichter eingestellt.

Das muß man sich vorstellen und sich beim Einstellen verstellen, damit alles an seinem Platz bleibt und jeder seinen findet. Hingegen ist eine Ausstellung weniger schwierig, aber vorteilhaft nur für bestimmte Berufsgruppen, z.B. Maler, Bildhauer und dergleichen mehr, für diese jedoch oft nicht gleichermaßen einfach. Dabei kommt es auch sehr darauf an, wie man sich anstellt, wenn man angestellt werden will. Der werdende Angestellte muß sich erst richtig anstellen, z.B. beim Arbeitsamt. Ich beispielsweise habe mich nicht angestellt, sondern einfach hier hingestellt, wobei ich mich völlig dahingestellt lassen möchte. Um diese Stellung jedoch zu halten, halte ich diesen Vortrag. Für die Dauer dieses Vortrags ändere ich meine Stellung nur geringfügig und wechsle dieselbe nicht, so daß ich über einen sicheren Arbeitsplatz verfüge, indem ich bereits seit geraumer Zeit auf der Stelle stehe. Unvorstellbar für mich, diese Stelle zu verlieren, weshalb ich versuche, sie kenntlich zu machen. Vielleicht aber verstelle ich mich auch nur, habe mich sozusagen aufs Verstellen verlegt und der ganze Vortrag ist eine bloße Verstellung, bei der Sie mir durch Ihre Anwesenheit die Möglichkeit verstellen, die Stelle des Rednerpultes ohne den gehörigen Vortrag zu verlassen, weil Sie sich eingestellt haben, ohne eingestellt worden zu sein. Was bleibt mir deshalb anderes übrig, als mich zu verstellen und anscheinend einen Vortrag zu halten. Alles eine Frage der Einstellung.

Wie können wir diesem Dilemma ein Ende bereiten?
Vielleicht, indem wir etwas bestellen. Manch einer seinen Garten, ich mir ein Bier. Wenn ich mir ein Bier bestelle, ist dieser Vortrag unwiderruflich zu Ende und ich kann diese Stelle verlassen. Damit gibt es eine freie Stelle.
Ich stelle jedem frei, sie zu besetzen. Das ist nicht weiter schwer zu bewerkstelligen, sobald ich diese Stelle verlassen habe, um ein Bier zu bestellen. Arbeitslose haben den Vortritt. Damit habe ich mein Möglichstes getan.
Bitte ein Bier.
https://www.youtube.com/watch?v=b5QTReFYwvw&list=PL8DdX9K4NV6nFsT8j3OWTn1SFLwYix4ut&index=19

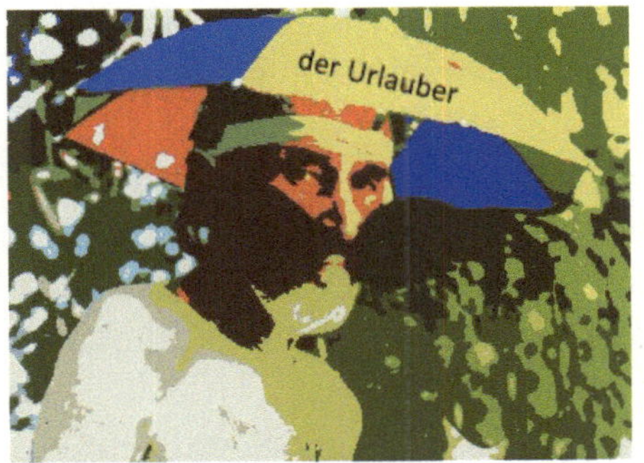

Liebe Urlauber

Früher, als alles angeblich noch schöner und besser gewesen sein soll, hing das Urlaub an den Bäumen und träumte vor sich hin. Es war das erste existierende Laub überhaupt. Bis in die heutige Zeit aber hat sich das Urlaub erhalten und machte eine erstaunliche Wendung durch. Aus dem Urlaub wurde so im Laufe der Jahrtausende und Jahrhunderte d e r Urlaub und wälzt sich seither in alle Richtungen, auch in Form sogenannter

Blechlawinen, durch nahezu sämtliche Verkehrs-
verbindungen.

Dieses verwandelte Urlaub jedoch ist allgemein
sehr beliebt. Alle wollen nicht nur Maoam und
Haribo, sondern vor allem eben auch: Urlaub.
Dieser aber ist knapp bemessen und so träumen
nunmehr wir das ganze Jahr über von unserem
Urlaub und seiner Erlaubtheit. Wie lange noch
Laub an den Bäumen hängen wird, ist durchaus
fraglich, aber wie lange es Urlaub gibt
offensichtlich und offenbar eine existentielle
Frage und ich gestehe es. Mit Verlaub möchte
auch ich Urlaub und nicht mehr auf das Ur, als
vielmehr auf die Uhr schauen müssen.
Vielen Dank für Ihre Aufmerksamkeit und
schönes, äh vielmehr schönen Urlaub.

Link zum Literaturvideo:

https://www.youtube.com/watch?
v=A48kVn74O5I&list=PL8DdX9K4NV6nFsT
8j3OWTn1SFLwYix4ut&index=17

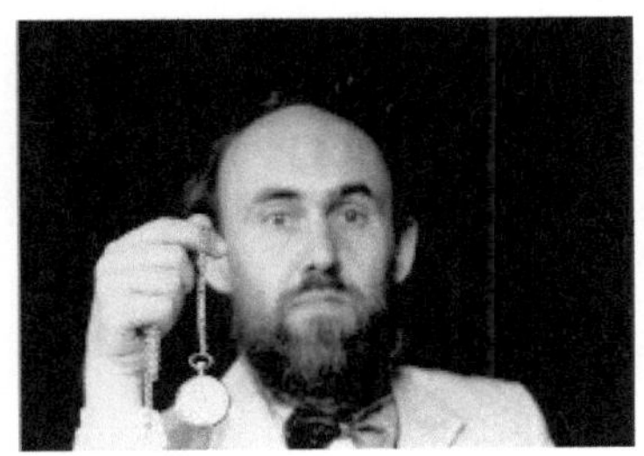

Die verlaufene Zeit

Geschätztes Auditorium!

Es dürfte wohl kaum jemand unter uns sein, der noch nicht irgendwann einmal die Zeit übersehen hätte. Man weiß ja auch nie, wann sie gerade, oder auch wellen-, spiral- und kreisförmig, daherkommt. Es ist sehr schwierig, immer genau im richtigen Moment auf die Uhr zu schauen. Dabei verläuft sich die Zeit sehr leicht. Denken Sie nur daran, wieviel Zeit Sie schon verlaufen haben, beim Einkaufsbummel und anderen Gelegenheiten.

Woher aber kommt sie, die Zeit? Aus welcher Richtung? Dem Norden, dem Süden, dem Westen oder dem Osten? Sie müssen bei der Zeit mit allem, vor allem mit allen Richtungen, rechnen, denn sie ist nahezu völlig richtungslos. Rechnen Sie dabei nicht nur mit dem Computer, auch wenn wir in der Computerzeit leben. Deshalb müssen wir uns diesem Problem aus einer anderen Richtung nähern und fragen, woher e s kommt, daß sich die Zeit so oft verläuft? Nun, im Vergleich zu Flußläufen verlaufen sich Zeitläufe immens viel öfter.

Das ist zwar eine unumstößliche Tatsache, aber keine Ursache dafür, woher es kommt, geschweige denn, wohin es führt, daß Zeitläufe sich so leicht verlaufen, sogar noch leichter als der Mensch. Die Beantwortung dieser Frage führt uns auf einen wesentlichen Unterschied zwischen Flußläufen und Zeitläufen. Richtig. Zeitläufe haben im Gegensatz zu Flußläufen kein Bett. Aber sogar der Mensch hat ein Bett! Kein

Wunder also - und was liegt näher, als daß Zeitläufe sich geradezu oder auch schief verlaufen müssen, wenn Sie daran denken, wie oft Sie sich schon verlaufen haben, obwohl Sie ein Bett besitzen. Der Flußlauf hat ein Flußbett. Warum also hat der Zeitlauf immer noch kein Zeitbett, um im Fluß zu bleiben? Es ist einfach an der Zeit, dem Zeitlauf ein Zeitbett zu graben. Seit unzähligen Jahren kämpfe ich so schon gegen die Zeit und für ein Bett! Damit stellt sich allerdings die Frage, wohin ein solches Zeitbett führen soll. Daß das Flußbett zu einem See oder zum Meer führt, darf ich als bekannt voraussetzen. Das Zeitbett hingegen führt dazu, daß sich die Zeit endlich schlafen legen kann und demzufolge Sie nichts mehr verschlafen würden, wie beispielsweise solche Vorträge über die verlaufene Zeit. Die Zeit, die dieser Vortrag dauert, haben Sie allerdings nicht verlaufen und möglicherweise auch nicht verschlafen, sondern versessen, wenn Sie hingegen aufstehen, verstehen Sie die Zeit. Wir kommen um dieses Problem nicht herum, so

versessen wir auch darauf sind, solange die Zeit
nicht endlich ihr Bett hat, und wir sie getrost
verschlafen können.

Die verlaufene Zeit 2

Liebe An- und Abwesende!
Gehen wir davon aus, daß die Zeit läuft, wenn sie
vergeht, zieht das die Frage nach sich, wohin sie
läuft oder möglicherweise geht, von wo sie
weggelaufen oder - gegangen ist, wie schnell sie
geht, bzw. läuft und vor allen Dingen, ob sie sich
verlaufen kann. Denn nichts ist möglicherweise
tragischer, als die verlaufene Zeit. Die Zeit läuft
also, aber wohin läuft sie? Wenden wir uns
zunächst dieser ersten Frage zu und betrachten
wir unser Chronometer, so werden wir feststellen,
daß sie im Kreis läuft. Immer wieder tauchen
dieselben Zahlen auf. Heute ist es .... und
morgen wird es wieder ....Uhr sein, usw. Das

bedeutet, die Zeit hat immer dasselbe Ziel, nämlich keines. Damit wäre die Frage nach dem Wohin hinlänglich beantwortet - nirgendwohin. Gleichsam läßt dies den Schluß zu, daß dieselbe auch von nirgendwo her kommt, sondern vielmehr gleichsam immer in der Gegenwart präsent ist, so daß Zukunft und Vergangenheit gleichermaßen hypothetische Konstrukte der Menschen sind im Sinne ihres Gedächtnisses, somit von diesem erzeugt. Zukunft und Vergangenheit können gleichsam nur wieder in der Gegenwart des Moments eingelöst werden. Die Zeit ist im Moment zu leben und der Moment ist die Zeit. Wenn wir aber nun zu der Überlegung kommen, wo dieser Moment ist, in dem wir uns befinden, wo wir in der Zeit sind, wissen wir das nicht, solange wir uns bewegen und permanent woanders sind, die Zeit verläuft, mit der wir uns verlaufen haben. Unser Ort bleibt unbestimmbar. Erst wenn die Zeit nicht mehr verläuft, wir im Stillstand endloser Schnelligkeit bei uns ankommen, können wir sein, wo wir sind, wird unser

Ort bestimmbar, indem die Frage nach seiner Bestimmung schließlich entfällt. Erst dann können wir uns als anwesend betrachten. Vorerst aber spreche ich als Abwesender zu Ihnen als Abwesende, die zwar hier sind, aber dieses Hier ist unbestimmt, so daß wir uns zwangsläufig verlaufen müssen, wie die Zeit verläuft. Können wir uns auch ohne Zeit verlaufen? Durchaus. Dies ist lediglich eine Frage des Zeitdrucks, den wir im Gegensatz zum Luftdruck nicht messen können und an den wir uns nicht gewöhnen sollten. Versuchen Sie der Gefahr des Zeitdrucks zu entgehen, um sich nicht ohne Ihre Zeit zu verlaufen, und diese schließlich damit zu verbringen, die verlaufene Zeit wiederzufinden.

Link zum Literaturvideo:

https://www.youtube.com/watch? v=OUBZMDX4DKo&list=PL8DdX9K4NV6n FsT8j3OWTn1SFLwYix4ut&index=7

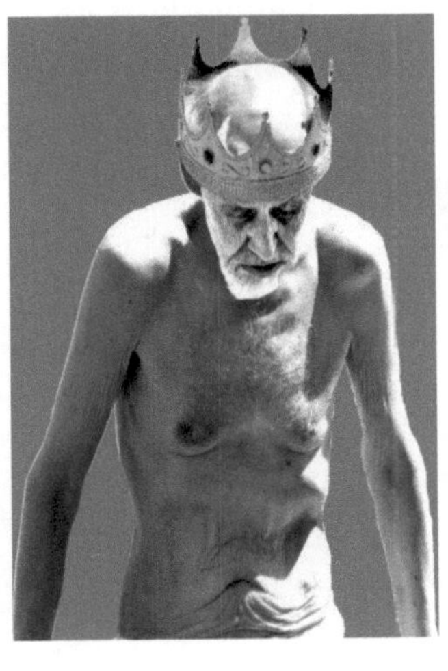

Der verlorene Mensch

Wir alle kennen die fast alltägliche Erfahrung, etwas nicht mehr zu finden. Das muß nicht bedeuten, daß wir bereits verloren haben, aber nach eingehender Prüfung läßt sich das oft nicht mehr vermeiden, da es bereits passiert ist.

Nun hängt die Bedeutung unseres Verlustes zweifelsohne vom Verlorenen ab. Besonders gravierend ist das unentbehrlich Verlorene, wie Knöpfe, Korken, Plastikbecher . . . . . Sie werden die Reihe mühelos fortsetzen können. Was wären wir ohne sie?

Hier hängt aber bereits der entscheidende Haken, der Widerhaken, der uns stutzig machen sollte. Wie kann Unentbehrliches verloren gehen, nicht spazieren oder aus-gehen, nein, verloren, da es doch unentbehrlich ist, und es von uns, mehr noch, wir von ihm gelassen haben müßten? Kann da jemand behaupten, es sei ihm unentbehrlich gewesen, obwohl er bereits, um das sagen zu können, es entbehrt haben muß? Wir erkennen die Doppelbödigkeit des unentbehrlich Verlorenen. Jedoch der Mensch, ein Grenzfall, der verlorene Mensch, müssen wir ihn der Kategorie des unentbehrlich Verlorenen zurechnen? Oder nicht vielmehr des einfach unvermeidbar Verlorenen? Ein einfacher Vergleich mit bereits erstellter, unendlich monoton fallender Reihe, also: Knöpfe, Korken, Plastikbecher, Starfighter und so weiter schließt eine solche Zugehörigkeit zwar einerseits aus, macht sie andererseits jedoch unvermeidbar. Da das Dilemma des verlorenen Menschen somit hinreichend verdeutlicht wurde, gilt es, sich der entscheidenden Frage mit ihrer praktischen Konsequenz zuzuwenden, nämlich: Wie finde ich den verlorenen Menschen oder vielmehr noch wichtiger: wie findet sich der verlorene Mensch?

Indem er sich losläßt. Eine verblüffend einfache Antwort, aber lassen Sie sich hierbei nicht täuschen. Es ist allergrößte Vorsicht geboten, denn wir sind damit bei einer neuen Kategorie angelangt: dem losgelassenen Menschen.

Keineswegs aber ist das ein Grund, den losgelassenen Menschen zu verbieten, denn es gibt seit altersher Hilfsmittel wie Maulkörbe und dergleichen mehr. Der verlorene Mensch - ein hartes Los. Deshalb tragen Sie dazu bei, daß man sein Los läßt. Ich danke Ihnen.

Link zum Literaturvideo:

https://www.youtube.com/watch?v=19bsOCaN5YU&list=PL8DdX9K4NV6nFsT8j3OWTn1SFLwYix4ut&index=27

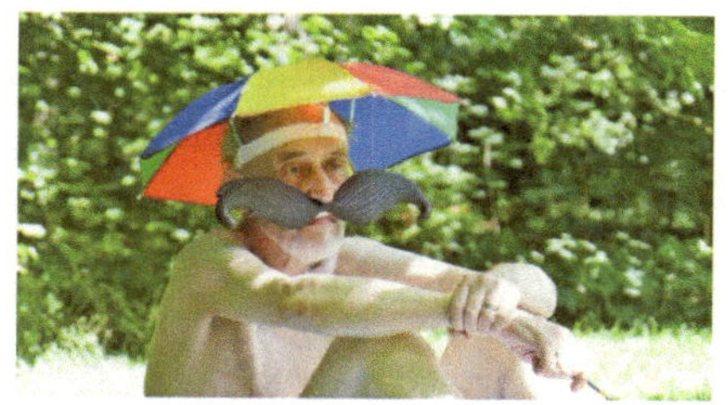

Der unmögliche Mensch

Geschätztes Publikum!

Ein Mensch, der unmöglich und dennoch vorhanden ist, ist eine Unmöglichkeit. Ein unmöglicher Mensch, der nicht vorhanden ist, liegt jedoch im Bereich des Möglichen. Unmögliche Menschen sind deshalb zwangsläufig nicht vorhanden. Was schließen wir daraus? Daß vorhandene Menschen nicht unmöglich sein können! Und dennoch werden Sie sagen: Mir ist schon einmal ein vorhandener unmöglicher Mensch begegnet. Wie läßt sich das erklären? Nur durch die Möglichkeit des Unmöglichen.

Wäre das Unmögliche nicht möglich, gäbe es keine unmöglichen Menschen. Aus der Unmöglichkeit leitet sich alles Mögliche ab, also auch der vorhandene unmögliche Mensch, der mithin unmöglich ist, sein Vorhandensein aber aus der Möglichkeit des Unmöglichen resultiert. So weit so unmöglich. Wie aber erkennen wir den vorhandenen unmöglichen Menschen und welche Verhaltensmaßregeln sind im Umgang mit ihm zu empfehlen?

Der vorhandene unmögliche Mensch leidet zutiefst daran, daß er möglich ist. Deshalb sollte man ihm seine Möglichkeit möglichst wenig vor Augen führen, seine Unmöglichkeit aber möglichst zu Bewußtsein bringe. Das reduziert den Leidensdruck des vorhandenen unmöglichen Menschen. Je weniger er unter dem Trauma seiner Möglichkeit steht, desto unmöglicher wird der vorhandene unmögliche Mensch. Dies ist um so wichtiger, weil der Anteil des vorhandenen unmöglichen Menschen an der Gesamtbevölkerung rapide ansteigt. Helfen auch Sie heute dem unmöglichen Menschen, Sie könnten morgen bereits selbst unmöglich sein. Das liegt durchaus im Bereich des Möglichen. Die Möglichkeit zur Unmöglichkeit haben wir alle latent in uns. Und sie kann jederzeit ausbrechen, indem sie über uns hereinbricht. Was uns heute möglich ist, kann morgen bereits unmöglich sein. Halten wir uns deshalb möglichst viele Möglichkeiten offen, damit wir auch morgen noch möglich bleiben. Ich danke Ihnen.

Link zum Literaturvideo:
https://www.youtube.com/watch?
v=KjEAGkRqcOo&list=PL8DdX9K4NV6nFs
T8j3OWTn1SFLwYix4ut&index=14

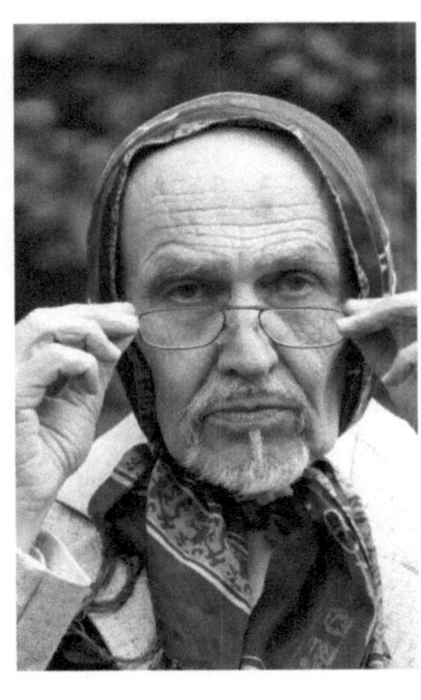

Der ungewöhnliche Mensch und der gewöhnliche Unmensch

Verehrtes Auditorium!
Der ungewöhnliche Mensch gewöhnt sich an nichts, der gewöhnliche Unmensch an alles, auch daran, daß er sich an alles gewöhnt. Ihm ist nichts ungewohnt, dem ungewöhnlichen Menschen hingegen alles, egal, wo beide wohnen. Ein Umzug erweist sich in diesen Fällen als nahezu völlig zwecklos. Soweit nichts Ungewöhnliches, die Macht der Gewohnheit. Die Macht der Ungewohnheit hingegen wird meist vernachlässigt, und doch könnte sie die Gewöhnung an den gewöhnlichen Unmenschen verhindern.

Der gewöhnliche Mensch gewöhnt sich nämlich leicht an den gewöhnlichen Unmenschen, mehr noch, gar an den ungewöhnlichen Unmenschen kann er sich gewöhnen, ebenso wie der ungewöhnliche Mensch zum ungewöhnlichen Unmenschen werden kann, an den sich der gewöhnliche Mensch wiederum gewöhnt. Der gewöhnliche Mensch dagegen gewöhnt sich schwer an den ungewöhnlichen Menschen. Jedoch kann der gewöhnliche Mensch sich seine Gewöhnlichkeit abgewöhnen, der ungewöhnliche Mensch sich seine Ungewöhnlichkeit kaum, da er die dazu erforderliche Fähigkeit zur Gewöhnlichkeit nicht besitzt.

Alles eine Frage der Gewohnheit. Dem ist endlich entgegenzusetzen: Alles eine Frage der Ungewohnheit. Stärken Sie die Macht der Ungewohnheit, damit die Macht der Gewohnheit nichts Gewöhnliches mehr bleibt.   Ich danke Ihnen.

Filmlink: https://www.youtube.com/watch? v=C0XkFq0MqB0&list=PL8DdX9K4NV6nFs T8j3OWTn1SFLwYix4ut&index=25

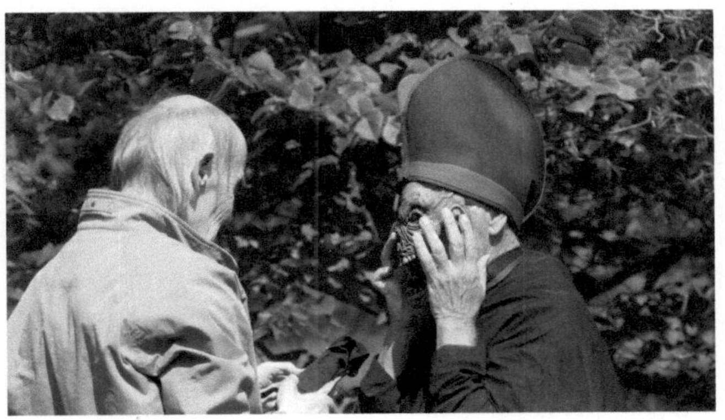

Das Ungeschehen

Liebe zahlreich Erschienene!

Das Ungeschehen - so lautet das heutige Thema und nicht etwa der Unmensch. Es wäre somit völlig unrichtig, vom Unmenschen zu sprechen, um einen Vortrag über das Ungeschehen zu halten, aber dennoch nicht unmöglich. Was sagt uns das?

Sie haben es vermutlich schon bemerkt. Richtig. Un- . Es wäre zu einfach, solches lediglich als Unding abzutun. Un- weist uns auf nicht oder kein hin, auf Gegenteiliges und Verneinendes. Doch der Unmensch? Seien Sie vorsichtig mit dem Unmensch. Trotz Un- gibt es Menschen mit Un-. Da hilft keine Verneinung und schon gar keine Verneigung. Und das Gegenteil von Mensch?

Das sollte Ihnen eine Warnung sein. Trifft dies auch auf unsere Thematik, das Ungeschehen, zu? Nein. Ein Unmensch ist kein guter Mensch, Ungeschehen aber nicht in jedem Fall schlecht. Ungeschehen ist immer das Gegenteil und dadurch kein Geschehen, trotz Un- oder auch wegen Un-. Un- ist nicht gleich Un-. Seien Sie vorsichtig mit Un-. Mit jedem einzelnen. Werfen Sie sie nicht in einen Topf und auch nicht sonstwo hin. Es gibt keinen Topf, der groß genug ist für Un-. Das wäre alles Unsinn. Trotzdem darf Sie solches nicht unwirsch machen.

Bedeutet das nunmehr, daß es das Ungeschehen vielleicht gar nicht oder nur als Gegenteil gibt? Keineswegs. Denken Sie nur daran, wie oft Ihnen bereits nichts geschehen ist. Gott sei Dank, werden Sie sagen. Ungeschehen sei Dank! Stellen Sie sich vor, es gäbe kein Ungeschehen. Das könnte schrecklich enden. Andererseits haben Sie sicherlich auch schon vergeblich darauf gewartet, daß etwas geschieht. Leider - werden Sie sagen. Eben! Un-.

Kann man das Ungeschehen dann abschaffen? Nein. Ungeschehenes ist nicht mehr ungeschehen zu machen. Und läßt man es nicht geschehen, ist es schon passiert. Allenthalben. Stößt das Unge-schehen allen zu oder gibt es da Ausnahmen wie bestimmte Ziel- oder Risikogruppen? Da kann ich Sie ganz beruhigen. Das Ungeschehen kann jedem passieren. Ohne Ausnahme. Alle müssen damit rechnen. Gibt es dafür Regeln? Nur eine: es hängt immer vom Fall ab.

Reichen hierfür die vier bekannten Fälle aus oder muß man neue dazu lernen? Genau so ist es. Lernen Sie deshalb auf jeden Fall alle Fälle kennen. Nicht nur die bekannten, sondern vor allem die unbekannten und auswendig. Gehen Sie dabei über Ihren Bekanntenkreis weit hinaus, damit Sie nicht unerkannt bleiben. Nahezu alle Fälle spielen hierbei eine Rolle, auch Kriminalfälle.

Ist Ungeschehen dann vielleicht ansteckend? Auch das nicht. Es ist absolut unsinnig, ungeschehene Menschen meiden zu wollen.

Wie können wir uns aber dann vor dem Ungeschehen schützen, wenn es uns zufällig über den Weg oder vor das Auto läuft? Da kann ich ihnen nur raten: seien Sie nicht un-vorsichtig. Kaufen Sie vor allem kein Un - . Auch nicht unbesehen. Und versuchen Sie nicht, das Ungeschehen aufzuhalten, bei allem, was Sie auch sinnvollerweise tun. Laufen Sie allenfalls, aber weder mit, noch davon oder aus. Auch bestimmte Schutzvorrichtungen, wie sie in letzter Zeit von Un-ternehmern in Form von speziell präparierten Unzügen mit Sturzhelmen und ohne Sichtfenster oder technisch unwendiger Apparaturen für den Wohn- und Freizeitbereich und dergleichen mehr allerorten angeboten werden, sind völlig unzweckmäßig. Solche Menschen sind Unholde und Ihnen in diesem Fall eindeutig nicht hold. Denn mit solchen Vorrichtungen wird garantiert nichts geschehen, egal wie lange Sie darauf Garantie haben. Fallen Sie auf solche Unholde ja nicht herein oder hinein in ihre Vorrichtungen. Dann ist es nämlich passiert und nicht mehr ungeschehen. Verstehen Sie jetzt, warum dieser Vortrag über das Ungeschehen vom Unmenschen handeln m u ß ? Der ungeschehene Unmensch. Bedenken Sie diese Möglichkeiten! Halten Sie sie auf keinen Fall auf, wo Sie sich auch aufhalten oder anhalten! Von Unhalten ganz zu schweigen. Niemals. Nie. Es passiert sonst immer wieder. Wie dieser Vortrag. Zu dem Sie gekommen sind. Das ist nicht mehr ungeschehen zu machen. Ich danke Ihnen.

Filmlink:
https://www.youtube.com/watch?
v=1rRVgyTfmh8&list=PL8DdX9K4NV6nFsT
8j3OWTn1SFLwYix4ut&index=13

 und

https://www.youtube.com/watch?
v=rEQTycRQ7W8&list=PL8DdX9K4NV6nFs
T8j3OWTn1SFLwYix4ut&index=1

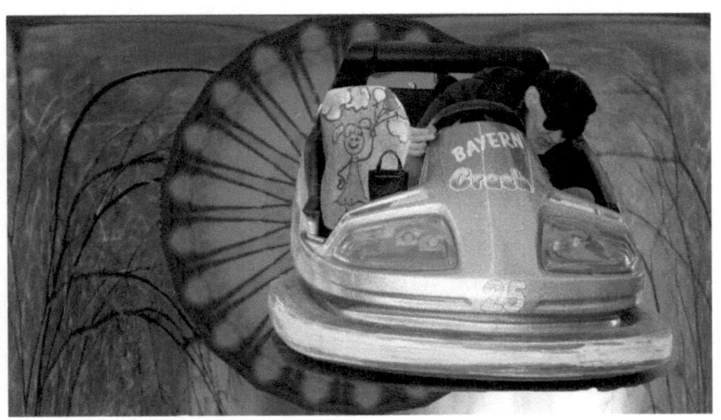

Die unendliche Geschwindigkeit

Hochverehrtes Auditorium!
Angesichts der Hetze unseres Alltages, um den es
in diesen K u r z – Vorträgen immer wieder im
Wesentlichen geht, und angesichts der herr-
schenden Maxime "Der Schnellere gewinnt",
woran sich dann selbst unsere Lebensqualität
bestimmt, ist die, wie immer eine der schwierigsten Fragen unserer Zeit, Vergangenheit, Zukunft

und Gegenwart eingeschlossen, die Frage, was der letztlich aus diesem Denken resultierende Wunsch nach einer unendlichen Geschwindigkeit eigentlich beinhaltet. Nehmen wir einmal an, gesetzt den Fall, wir hätten die Möglichkeit zur unendlichen Geschwindigkeit. Damit müßte unsere heutige Themafrage lauten, und das frage ich Sie, hochverehrte Zuhörer: Wo kämen wir denn da hin?
Pause.

Eine mögliche, wie immer letztlich einfache Antwort, wäre doch wohl: da hin, wo man am schnellsten sein kann. Dies wiederum beinhaltet sofort die nachfolgende Frage, wo dies denn sei? Die Antwort ist auch hier denkbar einfach: genau dort nämlich, wo wir uns gerade befinden. Nirgendwo können wir schneller sein und gerade da hin bringt uns die unendliche Geschwindigkeit und wir verbleiben so bei uns. Denn mit unendlicher Geschwindigkeit kommen wir an den Ort, für dessen Erreichen keine Zeit mehr nötig ist. Dieser Ort jedoch, an den zu gelangen wir die geringste Zeit benötigen, das heißt letztlich keine mehr, weil wir am schnellsten dort sind, ist, wo wir sind. Also sind wir immer wo wir sind und können nicht anders.

Wir sollten somit, im Bewußtsein der Bedeutung dieses Themas in unserer Zeit, verweilen, wenn wir wirklich und besonders schnell vorankommen möchten.

Bleiben Sie also zunächst ruhig einmal stehen, um tatsächlich zu gehen, denn bedenken Sie: schneller als unendlich schnell können Sie sich nicht bewegen. Paragraph 0 der Straßenverkehrsordnung.

Ich danke ihnen.

https://www.youtube.com/watch?v=DRRo0pps4XA&list=PL8DdX9K4NV6nFsT8j3OWTn1SFLwYix4ut&index=15

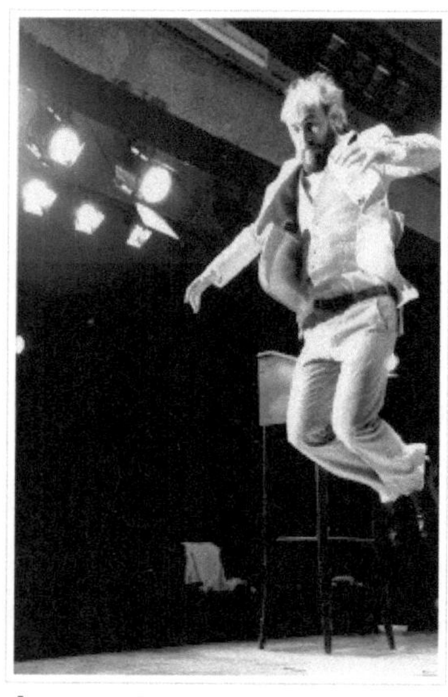

Der Sprung

Verehrtes Auditorium,

immer wieder fragen wir uns, womit alles begann?

Nun - es begann mit einem Sprung, dem Ursprung. Gewissermaßen dem ersten Sprung, der alle folgenden Sprünge nach sich zog. Den Sprung in Ihrem Teller oder Ihrer Tasse ebenso wie den ins kühle Naß oder den auf der Schallplatte. Der Anfang war bereits ein Sprung, aus dem weitere Sprünge entsprangen. Was Wunder also, daß der Sprung seit jeher die Welt durchzieht.

Nicht nur einer, sie vermehren sich zusehends, wir haben es mit immer mehr Sprüngen zu tun. Vom Luftsprung über den Weitsprung und Quantensprung zum Zeitsprung. Auch Quellen entspringen - und ich überspringe den weiteren Vortrag. (Legt das Vortragspapier auf den Boden und springt darüber.)

Sie sehen, alles eine Frage des richtigen Sprunges und schon erspare ich mir weitere Ausführungen über den Sprung. Für diese praktische Anwendung des Sprungs, den sogenannten Übersprung, der hier mit dem Vorsprung zusammenfällt, da ich ihn vorgeführt, vielmehr vorgesprungen habe, benötige ich nicht einmal einen Fallschirm, im übrigen hatte auch der Ursprung keinen, wie bedauerlich das auch sein mag. Damit wären wir bei den unterschiedlichen Sprungarten angelangt, die ich jedoch übersprungen habe, weshalb ich dazu nichts mehr zu sagen brauche.

Verpassen Sie nicht den Absprung, zerspringen

Sie nicht, bleiben Sie springlebendig und mit
einem sprungvollen Sprung auf - vielmehr
Sprung zu, nein: spring zu, verspringe ich mich
von Ihnen.

Link zum Literaturvideo:

https://www.youtube.com/watch?
v=g01FML1VlG4&list=PL8DdX9K4NV6nFsT8j
3OWTn1SFLwYix4ut&index=21

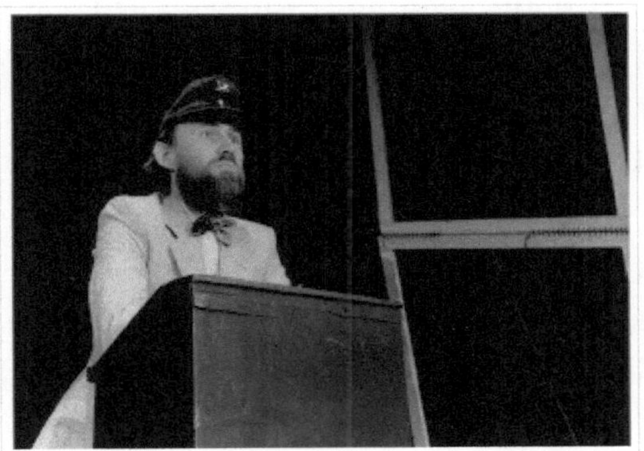

Der Mensch als Postbote

Wie wir bereits wissen, tritt der Mensch in vielerlei Art auf, und wie er auch auftritt, heutig, verloren, ungeschehen, unmöglich, kennengelernt oder als Postbote, er befindet sich in einer Strukturkrise. Tritt er als Postbote auf, befindet sich zwangsläufig die Post in einer Strukturkrise. Nicht die italienische, aber die deutsche. Deshalb muß Überflüssiges überfließen, damit die Kassen wieder voller werden. So sagen wiederum

Menschen, die keine Postboten sind, denn auf die Krise der Struktur und ihre Vorboten, z.B. die Postboten, darf keinesfalls verzichtet werden. Postboten jedoch sind Strukturträger, indem sie die Post tragen, austragen. Die Strukturschaffer hingegen sind sowohl überflüssig als auch überfällig. Das Datum des Poststempels allerdings genügt hier leider nicht. Einfach wäre es deshalb, die Strukturträger abzuschaffen, z.B. den Postboten. Wer aber würde dann die Struktur ertragen, geschweige denn die Post austragen, würde der Postboote ausgebootet und bessere Gewinne ausgelotet? Das muß wieder ins Lot, denn rein strukturell betrachtet sitzen wir alle im selben Boot, sagen sie. Nur: Die Strukturträger rudern und die Strukturschaffer sitzen die Tiefe ihrer Lotungen aus. Das Beispiel des Postboten ist hier völlig beliebig gewählt. Jeder wird vermutlich mühevoll weitere solcher Beispiele finden können, zum Beispiel.

So besteht zunächst keinerlei Unterschied, und doch unterscheidet die Ununterscheidbarkeit alles. Das bedarf der Erläuterung oder auch ohne Er-. Bezogen auf unser Thema, es heißt schließlich: Der Mensch als Postbote und zufälligerweise nicht: der Unterscheid, ergibt sich deshalb folgende praktische Konsequenz: Mit sofortiger Wirkung ergeht strikt einzuhaltende Verordnung an alle Postboten als leider noch nicht völlig abschaffbare Strukturträger, die aushalten, was andere haushalten bzw. hofhalten. Überflüssiges ist von Stund an nicht mehr auszutragen, auch nicht ab- oder umzuleiten, sondern unverzüglich in die Staatskasse zurückzuleiten, ohne jede Umleitung. Die Länge der Leitung hat hierbei allerdings keine Berücksichtigung zu finden, egal, welcher Minister die Post jeweils leitet. Die Bestimmung des Überflüssigen ist unter keinen Umständen vom Postboten selbst vorzunehmen. Hierzu ergeht nachfolgende innerbetriebliche Dienstanweisung: Ohne Ausnahme sind in allen Fällen, ohne Bestätigung der Regel, überflüssig, egal über welche Dicke sie verfügen:

Beweisigungsschreiben und gleichrangige Schriftstücke bis n-ten Grades, Zählungen, für die noch nicht gezählt wurde, sowie Vergleichbares. Mit gewissen Einschränkungen der Flüssigkeit muß darüber hinaus gerechnet werden bei Schriftstücken in Abhängigkeit von ihrer Stückzahl. Urkunden dürfen nicht mehr zugestellt werden, sofern sie mit Urahnen noch in irgendeiner wie auch immer gearteten Beziehung stehen. Sollte trotz größter Gewissenhaftigkeit dennoch einmal Überflüssiges transportiert worden sein, so ist solches auf dem schnellsten Wege und umgehendst an den Empfänger zurückzuschicken.

Ich kann nur hoffen, Ihnen damit eine Ahnung dessen vermittelt zu haben, was nicht mehr auf Sie zu kommt und Ihnen mit dem Bundesgesundheitsminister in bester Hoffnung 'Gute Besserung' wünschen für alle Reformen. Sie haben andererseits die unbenommene Möglichkeit der Freiheit, dieses zu erahnen oder auch dazuzudenken, womit wir jedoch bereits beim denkenden

Menschen angelangt sind und damit Gott sei Dank oder auch leider, am Ende. Der nächste praktische Kurzvortrag, der ungeachtet aller Dienstanweisungen auf Sie zu kommt und über den jetzt bereits nachzudenken völlig unsinnig ist, zu dem Thema: Der denkende Mensch, empfiehlt sich von selbst. Ich danke Ihnen!

**https://www.youtube.com/watch?
v=RbDWfNWy2og&list=PL8DdX9K4NV6nFs
T8j3OWTn1SFLwYix4ut&index=24**

Geniessen auch: **Professor Zweistern zwischendurch**

**https://www.youtube.com/watch?
v=1ERj7OLaRjU&list=PL8DdX9K4NV6nFsT
8j3OWTn1SFLwYix4ut&index=31**

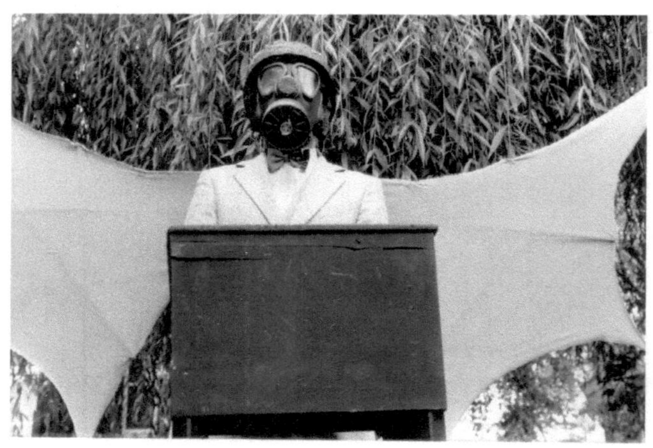

Das komplemsatorische Obsekt

Meine Hörer!

Kennen Sie das komplemsatorische Obsekt? Fragte ich Sie, was das denn sei, Sie wüßten es möglicherweise nicht. Die wenigsten Menschen wissen, was sie sind. Ja, Sie sind es und kennen sich vielleicht nicht! Während ich hier spreche, geschieht etwas mit mir: ich werde zugehört!

Man hört mir zu und ich werde zugehört. Sie sprechen nicht - und doch tun Sie etwas: Sie hören zu!
Sofern Sie Objekte meines Sprechens sind, bin ich Objekt Ihres Zuhörens. Subjekte aber sind wir allemal, wie verkommen auch immer, oder besser gesagt: wir sind weder Objekte, als wir Subjekte sind, und weder Subjekte, als wir Objekte sind, sondern mit einem Wort: Obsekten, eine Art weiterentwickelter Insekten. Wir ergänzen uns, verhalten uns somit komplementär, und wir ersetzen uns, verhalten uns somit kompensatorisch, mit einem Wort: komplemsatorisch, indem wir uns aneinander vermitteln. Nein, wir sind keine Menschen, wir sind komplemsatorische Obsekten!

(Während des Vortrags verwandelt er sich durch geeignete Requisiten immer mehr zu einem unidentifizierbaren "Insekt")

Literaturvideo zum Vortrag:

https://www.youtube.com/watch?
v=YTf_v_adp6I&list=PL8DdX9K4NV6nFsT8j3
OWTn1SFLwYix4ut&index=2&t=0s

und: Gespräche über das Obsekten

**https://www.youtube.com/watch?
v=FHpOOLkrpTA&list=PL8DdX9K4NV6nFs
T8j3OWTn1SFLwYix4ut&index=11&t=12s**

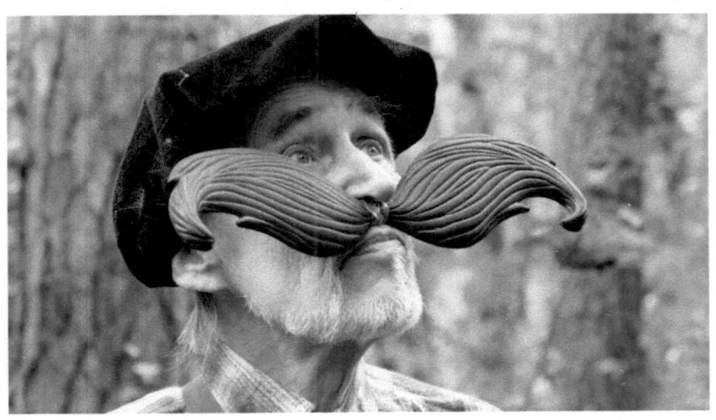

Der kennengelernte Mensch

Liebe Unbekannte!

Kennt sich der Mensch, kennen wir uns, kennen Sie sich? Wie lernt man sich kennen? Wie vermeidet man, sich kennenzulernen? Und wie ist es möglich, sich wieder zu entkennen, sollte man sich kennengelernt haben? Das sind Fragen, über die sich bis zur Unkenntlichkeit sprechen ließe.

Der Vorgang des Kennenlernens und sich nicht Kennenlernen-Lassen-Wollens ist überaus vielschichtig. Dabei liegen erkennen und verkennen nahe beieinander und es kommt durchaus vor, daß man jemanden nicht kennenlernen will, oft nicht einmal sich selbst. Das sicherste Mittel, jemanden nicht kennenlernen zu müssen, ist die Vermeidung auch nur irgendeines Kontaktes, sowohl des Blick- als auch Brief- und Telefon- bzw. Sprechkontaktes. Also gewissermaßen der Ausschluß eines möglichen Kennenlernens von vornherein, wobei auf die Tücke zufälliger Begegnungen hintenherum besonderes Augenmerk zu legen ist. Dieses Mittel erweist sich jedoch als völlig sinnlos, will man sich selbst nicht kennenlernen. Hierzu bedarf es ausgefeilterer Methoden. Keinesfalls sollte man sich dabei in irgendeiner Weise auf sich und vor allem mit sich auf irgend etwas einlassen. Am besten nehmen Sie sich dabei gar nicht zur Kenntnis. Selbst der Spiegel ist bereits eine Gefahr. Obwohl hier bestimmte Schminktechniken sich oft als sehr hilfreich erweisen können. Besonders gefährlich sind Menschen, die damit drohen, daß andere sie kennenlernen: Sie werden mich noch kennenlernen! heißt es dann.

Kann man den Vorgang des Kennengelernt-Habens oder Kennengelernt-Worden-Seins wieder rückgängig machen, wenn er einem trotz aller Vorsicht doch passiert sein sollte, sich sozusagen wieder entkennen?

Das ist äußerst schwierig, obgleich Menschen sich oft nicht mehr kennen, weil sie sich kennengelernt haben. Die bloße Behauptung: Ich kenne mich nicht mehr, ist in den meisten Fällen nicht ausreichend.

Läßt sich das Kennenlernen dann aber vielleicht prinzipiell ausschließen oder wenigstens umgehen? Leider nein. Um jemanden herumzugehen erweist sich als völlig zwecklos. Es genügt schon der kleinste und harmloseste Anlaß, wie beispielsweise dieser Vortrag. Seien Sie deshalb auf der Hut und vermeiden Sie diesen Vortrag, den ich angesichts der damit heraufbeschworenen Gefahr beende. Sollte Ihnen aufgrund dieses Vortrags dennoch Kennenlernen zustoßen, so sind Sie gewarnt vor solchen Vorträgen und dieser Vortrag hat seinen Zweck erfüllt. Ich danke Ihnen.

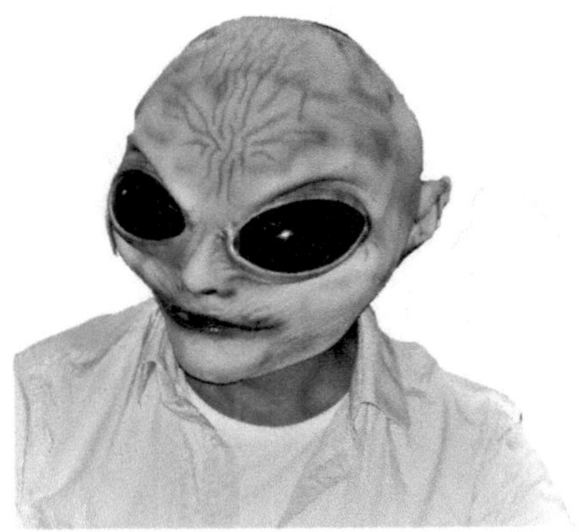

Der heutige Mensch

Wenn ich heute vom heutigen Menschen spreche, dann wäre das gestern noch nicht möglich gewesen, wohingegen es morgen für den heutigen Menschen jedenfalls zu spät ist. Der morgige Mensch aber betrifft den heutigen, dennoch ist er dieser nicht oder zumindest noch nicht. Der morgige Mensch ist heute eben noch nicht und morgen nicht mehr - der heutige. So müßte ich also vom morgigen Menschen sprechen, wollte ich etwas über den heutigen sagen. Wo bliebe aber dann der heutige? frage ich. Er ginge verloren und wir wären beim verlorenen Menschen angelangt und somit bei einem anderen - und bei einem anderen Vortrag. Der morgige Mensch jedoch ist ohne den heutigen nicht denkbar. Kehren wir also zurück zum heutigen Menschen. Der heutige Mensch. Wie denken wir uns den heutigen Menschen oder vielmehr, wie denkt er sich, gar uns? Können wir uns ihn, den heutigen Menschen, denn überhaupt denken, oder sind wir es möglicherweise selbst? Wie also denkt der heutige Mensch und noch mehr, wie denkt er nicht? Denkt er überhaupt bzw. nicht? Wie sinnvoll ist der heutige Mensch und wie sinnvoll ißt er? Und dergleichen mehr. Aber müssen wir uns den heutigen Menschen denn eigentlich denken oder denkt er sich nicht vielmehr selbst? Nein, meine Damen und Herren, schließlich haben wir schon öfter nicht an ihn gedacht, und trotzdem ....

Weitaus wichtiger ist die Frage: Ist der heutige Mensch etwa von gestern? Aber wenn dem so wäre, dann müßte ich vom gestrigen Menschen sprechen, mein Thema lautet aber: der heutige Mensch und nicht der gestrige oder gar vorgestrige. Damit hat sich die Frage bereits von selbst beantwortet. Und was, werden Sie fragen, ist mit dem Menschen von übermorgen? Hier offenbart sich die gesamte Problematik des heutigen Menschen. Wie kann man dem heutigen Menschen also gerecht werden? Als das Gestern heute war, war das freilich kein Problem, auch wenn das Morgen heute ist, wird es kein Problem mehr sein. Aber was machen wir heute? Das frage ich Sie. Ich spreche schließlich heute über den heutigen und nicht morgen über den gestrigen oder gestern über den Menschen von morgen. Vielleicht denkt der eine oder andere sich: "Ist dieser Vortrag denn heute überhaupt erforderlich, wenn das Gesagte doch morgen bereits keine Gültigkeit mehr haben kann und auch für gestern nicht gilt, da es doch n u r den heutigen Menschen betrifft?

Meine Damen und Herren, da kann ich Sie gleichfalls ganz beruhigen, nein, dieser Vortrag ist auch nicht erforderlich. Läßt er sich dann aber noch vermeiden? Nein, auch das nicht. Denn dafür ist es ja jetzt zu spät, wir kommen um den heutigen Menschen nicht mehr herum, da hätten sie heute von vornherein nicht kommen dürfen, allenfalls von hinten oder gestern. Was also können wir besseres tun, als ihn abzuwarten - den heutigen Menschen. Vertagen wir ihn doch einfach auf morgen. Es ist jetzt (schaut auf die Uhr), das bedeutet, wir haben noch ca. .... Stunden abzuwarten bis 24 Uhr und das Problem des heutigen Menschen ist einmal mehr gelöst. Ich danke Ihnen.

Bis morgen.

https://www.youtube.com/watch?v=RhaBsWl_t3k&list=PL8DdX9K4NV6nFsT8j3OWTn1SFLwYix4ut&index=9

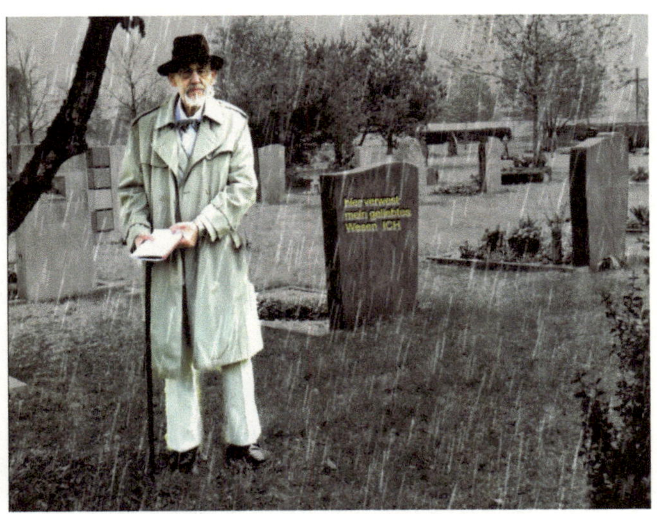

Die endliche Unendlichkeit

Geschätztes Auditorium!
Unser heutiges Thema und damit wir, befaßt sich mit der Endlichkeit des Unendlichen. Wieder einmal beschäftigen wir uns somit mit einer der schwierigsten Fragen des Vergangenen,

Gegenwärtigen und Zukünftigen. Kommen wir deshalb gleich zum Kern und stellen die bedeutende, ich möchte fast sagen Schlüsselfrage zum Thema: Wo hat denn die Unendlichkeit zu enden, so frage ich Sie, damit sie noch bleibt, was sie ist, da sie ist unendlich?

Die Antwort auf diese schwierige Frage ist einfach. Wo sonst sollte sie enden als im Nichts? Somit endet die Unendlichkeit, um weiter unendlich bleiben zu können, also zu sein, was sie ist und dadurch überhaupt, im Nichts. So weit, so endlich. Die Unendlichkeit nämlich kann nicht nichten, insofern sie ist, es sei denn, sie wäre nicht. Dann aber stellt sich die Frage nicht. Für das Nichts aber stellt sich diese Frage des Unendlichen als Seiendem nicht, es sei denn, es wäre - und damit also nicht. Diese Feststellung impliziert jedoch, daß das Nichts nicht unendlich nichtet, insofern die Unendlichkeit ist. Also nichtet das Nichts nicht unendlich, weil in ihm die Unendlichkeit endet und dort, in diesem

Übergang, der ortlos ist, hat das Nichts ebenso seine Grenze wie die Unendlichkeit, wo sie sich unerreicht aneinander brechen müssen, als sie sich erreichen, denn da das Nichts somit nicht unendlich nichten kann, muß es neben dem Nichts das Etwas des Seienden geben. Das Nichts nichtet das Sein als es ist. So gehen beide auseinander hervor. Dies ist nunmehr der endlich erbrachte Beweis, daß etwas existiert. Freuen Sie sich also mit mir, denn allein diesem Umstand verdanken Sie, als Etwas, das Ist und Sein einschließt, mehr noch, im Sinne der Evolution Bewußtsein bedingt, Ihre Existenz. Endlich also besteht kein Zweifel mehr, daß es uns gibt! Und so sehr diese Erkenntnis in Vergessenheit geraten sein mag, so sehr müssen wir sie für uns beanspruchen, indem wir uns endlich leben. Bedenken wir somit fürderhin in unserem Leben, unserem Alltag, da wir hier immer von Alltäglichem sprechen, wie wichtig es ist, auch nichts zu tun, nichts zu haben, um wirklich etwas zu tun, und dadurch zu sein, nichts zu sein, um Unendliches zu werden.

Ich danke Ihnen für Ihre Aufmerksamkeit und hoffe, daß Sie den nächsten praktischen Kurzvortrag für den alltäglichen Gebrauch nicht versäumen werden.

https://www.youtube.com/watch?v=Nlu7Sb-vzPQ&list=PL8DdX9K4NV6nFsT8j3OWTn1SFLwYix4ut&index=37

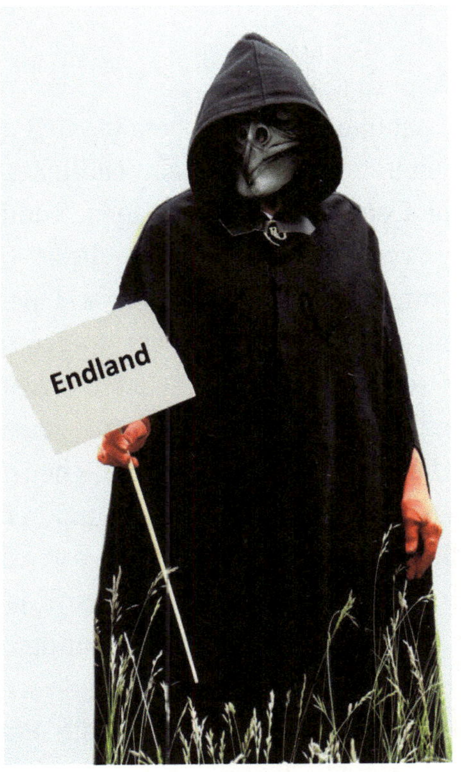
Endland

Die Endlichkeit

Geschätzte Erschienene!

Unser heutiges Thema befaßt sich mit der Endlichkeit, es ist somit ein endliches Thema. Gott sei Dank, werden Sie sagen, endlich - ein kurzer Vortrag und nicht diese endlosen Ausführungen. Aber da haben wir bereits das Problem, denn wir müssen uns fragen, was hier endlich sein soll? Die Endlichkeit wovon? Dabei gibt es so vieles. Geradezu Unendliches. Somit die Endlichkeit des Unendlichen? Und wo kommen wir hin, wenn wir das umdrehen? Die Unendlichkeit des Endlichen, von dem ich endlich sprechen wollte? Das wird ja endlos, werden Sie sagen. Sehen Sie, genau das habe ich befürchtet. Deshalb helfen Sie mir, diesen Vortrag endlich zu beenden. Retten wir die Endlichkeit dieses Vortrags. Gemeinsam können wir es schaffen. Stehen Sie auf und verlassen Sie diesen Raum. Und ich werde endlich das Vortragspult verlassen. Dabei kann uns nichts aufhalten, wenn wir es nur wirklich wollen. Helfen Sie uns. Beenden Sie mit mir diesen Vortrag. Verhelfen Sie der Endlichkeit zum Durchbruch. Jetzt! Endlich.

Link zum Literaturvideo:
https://www.youtube.com/watch?v=-vRKdtEU8p4&list=PL8DdX9K4NV6nFsT8j3OWTn1SFLwYix4ut&index=5

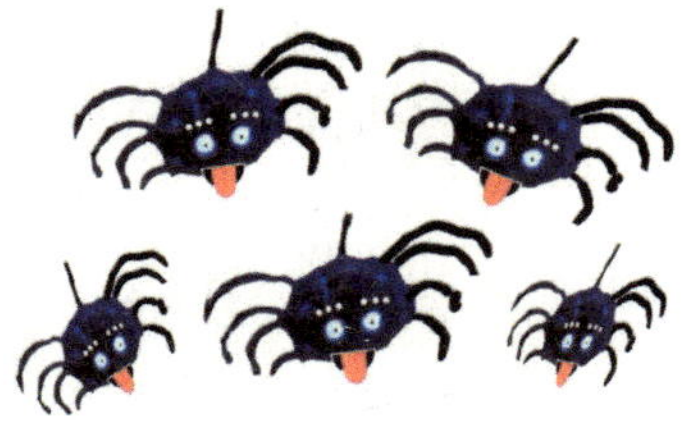

Der begründete Mensch

Versammelte!

Der Mensch ist grundlos. So fehlt ihm der Grund seiner Existenz. Seine Begründung ist ohne Grund, weil er mehr ist als seine Teile und mehr als seine Notwendigkeit. Er übersteigt die Rationalität. Wer einen Grund braucht, hat keinen Grund, wer keinen Grund braucht, ist grundlos. Die Begründung des Menschen ist seine Grundlosigkeit, nicht seine Bodenlosigkeit. Grundlos sollten wir werden, aber nicht bodenlos. Die Bodenlosigkeit ist eine Übertreibung

menschlicher Existenz und begründet die Heimat-
losigkeit seiner Behausung. Die Grundlosigkeit
ist überall zu Hause, auch im Nirgend, die
Bodenlosigkeit auch daheim nicht. Damit
begründet sich der Mensch in seiner Grundlosigkeit, aber nicht in seiner Bodenlosig-keit. Es
genügt hierfür nicht, daß unsere Häuser Böden
haben. Die Bodenlosigkeit kann trotz der besten
Böden auftreten, auf denen wir auftreten. Lassen
Sie sich nicht durch Ihren Fußboden täuschen,
verwechseln Sie nicht die Grundlosigkeit mit der
Bodenlosigkeit. Stehen Sie grundlos, sitzen Sie
grundlos. Aus welchen Gründen wir auch alles
Mögliche zu tun gedenken, es ist nicht
Begründung unseres Menschseins, ist es nicht im
Letzten grundlos und tun wir es trotzdem oder
vielmehr gerade deshalb. Alle Gründe sind
vordergründig, so wichtig und notwendig sie auch
immer sein mögen. Alle Hintergründigkeit reicht
nicht, solange sie nicht zur Grundlosigkeit führt.
Nur so kommen wir zu Hause an, wo auch immer
wir zu Hause sein mögen. Ich danke Ihnen und

wünsche Ihnen einen guten Heimweg: gehen Sie
grundlos.

Link zum Literaturvideo:

**https://www.youtube.com/watch?
v=wzf9xUVdc-
g&list=PL8DdX9K4NV6nFsT8j3OWTn1SFL
wYix4ut&index=27**

Genießen Sie auch: Hey Alter, wo ist dein Ego?

**https://www.youtube.com/watch?
v=YTjnW2yUKa0&list=PL8DdX9K4NV6nFs
T8j3OWTn1SFLwYix4ut&index=30**

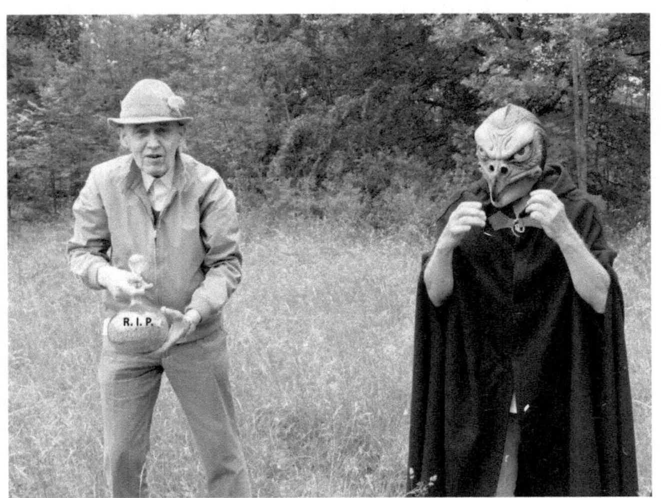

Das Thema

Sehr geehrte Anwesende!

Heute spreche ich zu Ihnen über ein Thema, das mir gänzlich unbekannt ist. Sie haben durchaus richtig gehört: ich kenne das Thema dieses Vortrags tatsächlich nicht. Wie kann ich aber dann darüber sprechen, werden Sie sich fragen. Nun, wie kommt es denn, daß es überhaupt zu einem Thema kommt, vorausgesetzt, es kommt?

Manche Themen stellen sich einfach ein – (Blick zur Tür) oder fliegen einem zu (Blick in die Luft), tauchen auf (Blick unter das Vortragspult) usw. Dabei ist das Thema sehr vielgestaltig und in dieser Vielgestaltigkeit nahezu unendlich, wobei sich die meisten Themen wiederum variieren lassen. Bleiben die Themen aber dabei trotzdem kenntlich, aber besteht nicht vielmehr die Gefahr, daß sie bei dieser Gestaltungsmehrheit, nein, Gestaltungsvielfalt zur Unkenntlichkeit neigen? Nein, diese Sorge ist unbegründet, denn in den meisten Fällen ist es leicht erkennbar durch seine herausgehobene Stellung: es steht in fast allen Fällen oben. Bis auf manche Fälle, wie den Fall dieses Vortrages. Da ist das Thema gewisser-maßen heruntergefallen. Hat es sich denn überhaupt schon eingestellt? Aber ja! Sie haben es sicherlich bereits bemerkt: das Thema dieses

Vortrages war, vielmehr ist, oder besser gesagt: ist geworden: Das Thema - ein zeitloses Thema des heutigen Vortrages , auch für andere Tage geeignet, besonders Feiertage.

Ich danke Ihnen für Ihre Aufmerksamkeit und Ihr Interesse am Thema!

Filmlink zum Vortrag:
https://www.youtube.com/watch?
v=wozgf_JNzps&list=PL8DdX9K4NV6nFsT8j
3OWTn1SFLwYix4ut&index=23

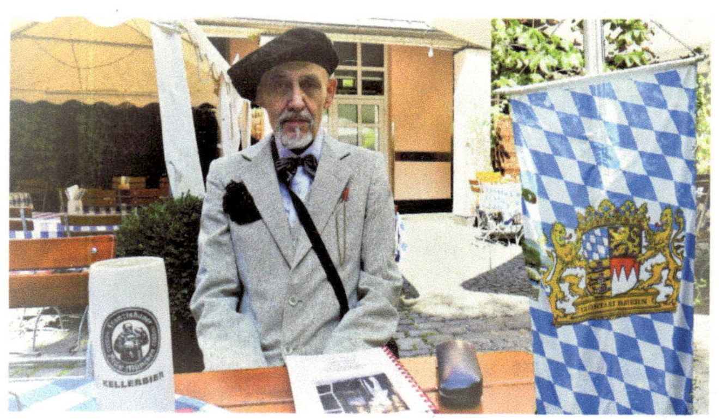

Pause

Sehr verehrte Damen und Herren,
liebes Publikum!
Ich bin nur die Pause, sie können jetzt also
wirklich nichts versäumen, wenn Sie mich
ignorieren. Ich bin tatsächlich nur die Pause, Sie
versäumen absolut überhaupt nichts. Sie können
ruhig gehen, ich erfordere auch nicht die
geringste Aufmerksamkeit. Sie versäumen nur die
Pause, wenn Sie mich ignorieren, das macht gar
nichts, außer, dass Sie ein pausenloses Leben

haben, sozusagen eine pausenlose Pause und somit ein pausenloses Leben führen. Ein schöneres Leben ist kaum vorstellbar. Und das in jeder Vorstellung. Stellen Sie sich das bloß einmal vor! Und selbst, wenn Sie mir das nicht glauben, weil Sie ihren Glauben längst verloren haben im pausenlosen Leben, dann glauben Sie doch an mich, an die Pause. Sogar, wenn Sie arbeitslos werden sollten, gibt es jede Menge Jobs als Pause. Eine angenehmere Arbeit lässt sich kaum denken! Schließen Sie einen Pausentarifvertrag und Sie haben ausgesorgt. Sie müssen als Pause auch gar nicht reden, denn es gibt die Schweigepause. Ohne die Stille der Schweige-pause könnte man die Pause gar nicht hören, geschweige denn sehen und würde sie schlimm-stenfalls überhaupt nicht bemerken. Das wäre mein Untergang, der Untergang der Pause und völlig verantwortungslos, deshalb ist die wortlose Pause unverzichtbar. Jedoch kann das keinesfalls passieren, wenn die vielen freien Pausenstellen endlich besetzt werden und immer mehr Menschen mit den Pausen hausieren. Die Arbeit des Pausenfüllers besteht nämlich lediglich darin, die Pause mit der dafür erforderlichen Leere zu füllen. Nur so wird die Pause zur Erfüllung. Sie fühlen es sicher schon. Es ist somit absolut nicht nötig, mir, der Pause, zuzuhören. Hören Sie also weg von der Pause, denn Sie versäumen garantiert wirklich nichts, wenn Sie mir nicht zuhören, da ich nur Ihre Pause bin, die Sie jedoch keinesfalls versäumen sollten.

Filmlink zum Vortrag:

https://www.youtube.com/watch?v=hJSlnDDnprk&list=PL8DdX9K4NV6nFsT8j3OWTn1SFLwYix4ut&index=12&t=3s

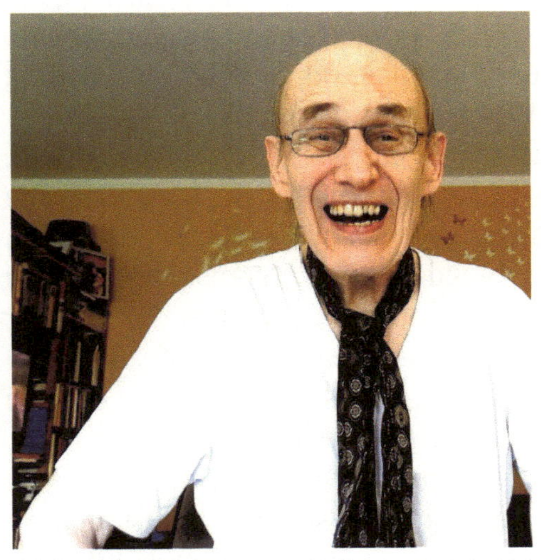

Der lustige Mensch

Liebe Zuhörer!
Sauer macht lustig, sagt man. Dennoch ist es nicht lustig, zu versauern, also auch das Ver- hat wie das Un- seine Tücken, vom –isch ganz abgesehen oder zu schweigen, aber das kann nur das wortlose Wort.   Die Lust des Lustigen

hingegen kann durchaus tückisch sein. Trotzdem kann man dem Menschen die Lust nicht verwehren, so sehr er sich auch dagegen wehren mag, sich zu verlustieren oder ein bloßer Lüstling zu werden. Was sagt uns das?

Natürlich, dass auch das –ling, so schön es klingt, seine Tücken hat. Kann man dem Menschen die Lust wenigstens austreiben? Nein, auch das nicht, so viele Treibjagden auch veranstaltet werden mögen. Ist der Mensch dann aber für immer verloren, somit per se ein verlorener Mensch?

Nein, auch das keineswegs, welche Wege er auch einzuschlagen gedenkt oder wie geschlagen er ist, denn selbst der verlorene Mensch entwickelt nach Lust und Laune noch Lust am Ver-lust und so lange ihm der Lüster nicht auf den Kopf fällt, sonnt er sich in dessen Licht.

Mit diesem Lichtblick nach oben verabschiede ich mich heute von Ihnen, bevor die Dunkelheit einer hellen Nacht über Sie hereinbricht und wir auf die Scherben des Lüsters treten, denn der getretene Mensch ist ein anderes Thema und somit ein anderer Vortrag. Ich danke Ihnen für Ihre Aufmerksamkeit und wünsche Ihnen eine angenehme Nacht.

Literaturvideos von
MPP – mr private production

mit Gerhard Häusler

Filmliste Professor Zweistern :
https://www.youtube.com/playlist?
list=PL8DdX9K4NV6nFsT8j3OWTn1SFLwYix4
ut

https://www.youtube.com/watch?
v=EhoBGbNO3as&list=PL8DdX9K4NV6nFsT8j
3OWTn1SFLwYix4ut&index=3&t=74s

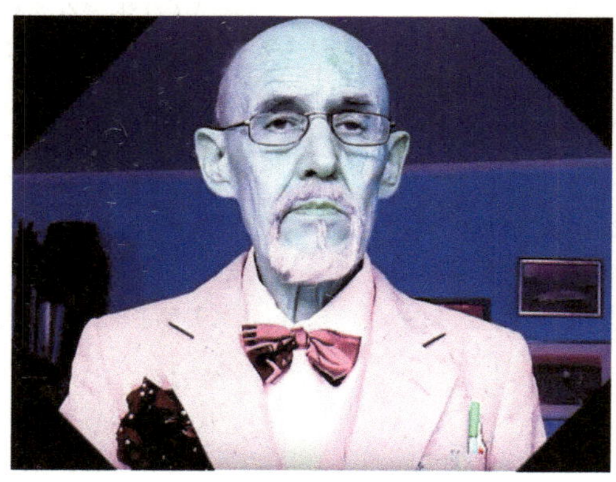

Der künstliche Mensch

Liebe Künstler,
der künstliche Mensch ist ein Künstler, der natürliche Mensch kultiviert seine Natur mit der Kunst und schafft sich so auch den Kunsthonig, um sich das Leben zu versüßen.
Dabei stechen ihn jedoch unvermeidlich die fleißigen Bienen wie sehr er sich auch befleißigt und er wird zum gestochenen Menschen, weshalb

er, der Künstler wiederum seine Natur gestochen scharf zu erkennen vermeint, denn er ist scharf auf den Honig, den Nektar seiner Errungenschaften auszukosten, um daraus zu schließen, dass sich gegenseitig niederzustechen seiner Natur entspricht, die die Kunst zu überwinden trachtet, indem sie diese über selbige hinaus nicht nur abbildet, sondern gleichermaßen formt. Dabei entstehen die Bilder, die er sich macht von der und seiner Natur und diese Bilder liebt er. Er macht sich ein Bild, das ihm ähnlich werden soll und er dadurch wiederum dem Bild, das er sich mühevoll von sich und seiner Natur abringt. Diese Bilder hängt er ins Kunstmuseum damit andere sie zu sehen bekommen, um sich und seine Natur in ihrer Gänze und Künstlichkeit zu entdecken. So ist er über sich im Bilde aus dessen Rahmen er immer wieder fällt, wenn seine Natur zuschlägt, weil das Fleisch schwach ist und der Geist nicht immer stark.

Versuchen Sie also im Bilde zu bleiben, damit sie ihm ähnlich werden und Sie dem Bild, das Sie sich machen, wenn Sie aus dem Rahmen fallen, denn denken Sie bei aller Süße Ihres Kunstgenusses stets daran, dass die Biene sticht

und die Bilder verschwimmen können in die Sie
eintauchen und in denen Sie untergehen.
Vielen Dank für Ihre Aufmerksamkeit und bis
bald in den Bildern einer Ausstellung.

https://www.youtube.com/watch?
v=Tcnx9fWJthM&list=PL8DdX9K4NV6nFsT8j3
OWTn1SFLwYix4ut&index=8

Der haarige Mensch

War der Mensch früher eine haarigere Angelegenheit als der heutige Mensch oder ist diese Frage lediglich als Haarspalterei zu betrachten?

Unbestreitbar ging die kulturelle Entwicklung des früheren haarigeren Menschen mit großem Haarverlust einher, weswegen der Mensch als Preis für diese Entwicklung viele Haare lassen musste und auch heute noch der Haarausfall sehr beklagt wird, weshalb viele Mittel gegen diesen im Umlauf sind. Die Entwicklung der menschlichen Kultur wäre demnach darauf zurückzuführen, dass der Mensch im Prozess der Emanzipation von der Natur Haare lassen musste. Damit wäre das nunmehr soweit geklärt. Weit wichtiger jedoch ist die Frage, ob der Mensch dadurch menschlicher geworden ist? Zweifellos führte die Zunahme der diesbezüglichen Nacktheit zu großen Fortschritten, da der damit verbundene und einhergehende Wärmeverlust zur Entwicklung von Heizungsmöglichkeiten führte, zwar ohne die Verheizung des Menschen verhindern zu können, aber immerhin kam die Spezies Mensch dadurch darüber hinaus, den Göttern nur das Feuer geraubt zu haben und es schien die Chance zu bestehen, über den bloßen Raub des Feuers hinaus zu kommen und das Raubrittertum zu überwinden. Die entscheidende Frage der Evolution und die damit verknüpfte Auslösung der technischen Entwicklung ist deshalb somit auch hinsichtlich der Folgen derselben ein durchaus sehr haariger Vorgang, insonderheit deshalb, weil es dem Menschen immer mehr möglich geworden ist, sich gegenseitig umzubringen, ohne sich auch nur noch ein Haar krümmen zu müssen. Dennoch kommt der Mensch nach wie vor nicht ohne Haare aus, man denke nur an die Schamhaare oder an das Haupthaar, das durch Perücken ersetzt werden kann, wenn die Glatzen überhand nehmen sollten und das Friseur Handwerk vom Aussterben bedroht wird. Die hauptsächliche Bedeutung der Haare besteht jedoch darin, sie sich zu raufen, in dem Versuch, der Verzweiflung der menschlichen Existenz zu entkommen.

Halten wir also somit fest: Menschlicher ist der Mensch durch den evolutionären Haarverlust zwar nicht unbedingt geworden, vielmehr ist seine Menschlichkeit im Grunde weiterhin die schlimmste und gefährlichste Eigenschaft geblieben, denn er kann nach wie vor äußerst ungehalten werden, wenn er ein Haar in seiner Suppe findet und auch die sogenannten Verrückten schickt er vorzugsweise nach Haar. Dennoch ist ihm eine Ausrottung seiner Haarigkeit, trotz diesbezüglich teilweise großer Anstrengungen und Bemühungen nach wie vor nicht gelungen, und es ist ihm auch schwer möglich, auf diese zu verzichten, denn es bleibt ihm immer wieder nichts anderes übrig, als sich verzweifelt die Haare zu raufen, ohne dass es ihm dadurch jedoch gelingen würde und möglich wäre, seiner Haarigkeit und der auch damit verbundenen Verzweiflung zu entrinnen oder das Rauchen, nein vielmehr das Raufen, aufzugeben. Auch wäre es ihm ohne Haare nicht mehr möglich, sich selbst aus den Sümpfen zu ziehen, in die er immer wieder geworfen wird, sich stürzt und gleichermaßen auch selbst bereitet. Abschließend bleibt deshalb konstatierend festzuhalten, dass der Mensch eine durchaus haarige Angelegenheit war, ist und aller Wahrscheinlichkeit nach auch bleiben wird. Vielen Dank für Ihre Aufmerksamkeit, auch ihren Haaren gegenüber, vor allem denen, die Ihnen noch geblieben sein mögen.

https://www.youtube.com/watch?v=uUuGBw_-6v4&list=PL8DdX9K4NV6nFsT8j3OWTn1SFLwYix4ut&index=3

Der gewissenhafte Mensch

Verehrte gewissentlich Anwesende!
Der gewissenhafte Mensch, der seinem Gewissen verhaftet ist, wird mit großer Wahrscheinlichkeit auch verhaftet. Sein Gewissen ist dadurch auch der Sprung ins Ungewisse und der Versuch der Vermeidung dieses Sprungs als Ursprung desselben, führt zu Gewissensbissen und so zum ungewissen Gewissen für das sein Wissen nicht ausreichend ist, aber zu einer Gewissheit werden kann und so wird er zum bissigen Menschen mit Maulkorb, der jedoch gegen das Gewissen völlig wirkungslos bleibt aber dennoch dem bissigen Menschen seine gewisse Bissigkeit austreiben soll. Der bissige Mensch hingegen versucht dadurch seinen Maulkorb loszuwerden und verfällt somit leicht in eine Leichtigkeit des Gewissenlosen und geht so leichten Gewissens von dannen.
Damit wären wir beim gewissenlosen Menschen angelangt, der sein Gewissen mangels Verfügbarkeit nicht mehr als sanftes Ruhekissen

verwenden kann und sich dadurch hart bettet, während der gewissenhafte Mensch betet mit der Verfügbarkeit Gottes, der es den Seinen eben im Schlaf gibt und so schlafend zum Wissen, vielmehr Gewissen kommt.
Vielen Dank für Ihre Aufmerksamkeit und schlafen sie wohl!

https://www.youtube.com/watch?v=h8xezKEQ6-Q&list=PL8DdX9K4NV6nFsT8j3OWTn1SFLwYix4ut&index=38

Interview mit Prof. Zweistern

Herr Professor, wie kamen Sie dazu oder darauf, diese praktischen Kurzvorträge für den alltäglichen Gebrauch zu schreiben? Dafür war mein Interesse am Alltag ausschlaggebend. Was verstehen Sie persönlich unter Alltag?

Das Alltägliche natürlich, was sonst. Und wie würden Sie dieses Alltägliche definieren? Das Alltägliche hat viel mit dem Moment der Wiederholung und Regelmäßigkeit zu tun. Und hier sehen Sie die Verbindung zur Praxis, zur Alltagspraxis sozusagen? Ich will es so ausdrücken: Je praktischer der Alltag, desto theoretischer ist der Sonntag. Vereinfacht gesagt: Je alltäglicher der Alltag, desto praktischer der Sonntag. Beziehungsweise: Für Lichtsignale steht die Zeit still.

Herr Professor Zweistern, wir danken Ihnen für dieses Gespräch.

Keine Ursache.

Sie können Gerhard Häusler auch bewundern als Detektiv in der heiteren Detektivgeschichte: Der Detektiv denkt dreimal schief **- für Kinder ab 4 Jahren und Junggebliebene .**

https://www.amazon.de/s? k=der+detektiv+denkt+dreimal+schief&i=stri pbooks&__mk_de_DE=%C3%85M %C3%85%C5%BD %C3%95%C3%91&crid=2UW5UXERPIAS8 &sprefix=Der+Detektiv%2Cstripbooks %2C184&ref=nb_sb_ss_i_2_12